# 마르지 않는
# 눈물항아리

## 오 혜 령 · 영 성 묵 상 기 도 집

도서출판
이유

오혜령 영성묵상기도집

| 강 여 울 | 풀 씨 처 럼 | ⑩

# 마르지 않는 눈물항아리


ⓒ 이유 2003

글쓴이 · 오혜령
펴낸이 · 김래수

초판 인쇄 · 2003. 11. 25
초판 발행 · 2003. 11. 30

기획 · 정숙미
편집 · 김성수 · 한진영
북디자인 · N.com (749-7123)
분해, 제판 · 성광사 (2272-6810)
인쇄 · 청송문화인쇄사 (2676-4573)

펴낸 곳 · 도서출판 이유
주소 · 서울특별시 동작구 상도5동 103-5 성은빌딩 3층
전화 · 02-812-7217 팩스 · 02-812-7218
E-mail · eupub@hanafos.com
출판 등록 · 2000. 1. 4 제20-358호

ISBN 89-89703-44-1 04230
ISBN 89-89703-34-4(세트)

강여울 | 풀씨처럼 | 10

# 마르지 않는 눈물항아리

## 오혜령 · 영성묵상기도집

# 이슬처럼 영롱한

아버지,
이 세상에 기도보다
어려운 것이 또 있을까요?
기도의 첫 단계, 구송기도도
너무 힘겹습니다
기도문을 쓰는 것은
입으로 하는 것보다
나으려니 했습니다만
자꾸 덧붙이려고 해서
그것을 쳐내느라고
애씁니다

아버지,
하지만 요즘처럼
당신께만 집중하고 산다면

안 될 일이
없을 것 같습니다
가슴에서 북받치는
사랑의 밀어들을
하나라도 놓칠세라
빠른 속도로 불러댑니다

그런데 이 초속의 기도문을
따라잡을 뿐만 아니라
서너 문장씩 외워서
자판을 두드리는 막내의
초인적 능력에 감탄합니다
또 제가 잘못 듣거나
그가 잘못 친 오자를
족집게처럼 잡아 내는

통찰력의 소유자인
영성아들 역시
뛰어난 조력자입니다
그래서 세 사람이
기도를 함께 하는 셈입니다
영광 받으소서

아버지,
오직 성삼위께 영광을
드립니다
어느 날엔
한 권을 완성했습니다
상상도 할 수 없는 일입니다
보고 읽기만 하라고 해도
쉽지 않기 때문입니다
저는 비켜서고
성령께서 홀로 남으셔서
제 대신 간구해 주셨습니다
제가 스스로

하지 않는다는 것이
무엇인지
조금씩 알아갑니다

아버지,
묵상한 내용으로
기도하도록
은총을 베풀어 주셔서
감사합니다
천천히 달궈지기 시작한 쇠가
열을 받아 오랫동안
뜨거움을 간직하고 있듯이
제 마음의 불이 점화되어
지성의 빛을 내뿜으며
식을 줄 몰라 잠도 못 잡니다

"이 산더러 저 바다에 빠지라"고 해도
그대로 되리라시던
당신 아드님의 말씀이

결코 과장이 아닙니다

아버지,
마음과 정신과
의지를 통합하고
영혼의 그릇,
깨끗이 닦아 놓으면
하루 종일이라도
하늘의 언어가 응축되어
그 그릇에 이슬처럼 떨어집니다
저 헤르몬산의 이슬처럼
영롱하게 방울져 내립니다
저는 그 그릇만
들고 있으면 됩니다

기도하게 하시고
그 기도대로
이루어 주시며
그 기도 들으시는

아버지
홀로 하시는 일입니다

아, 아,
그래서 기도자는
아무것도 하지 않고
당신께서
해 주시는 것이
바로 기도라고
말씀하셨군요

10월도
당신의 보석 같은 언어,
이슬 같은 언어를
내려 주소서

아멘

# 마르지 않는 눈물항아리

♣ 오히려, 내 마음은 고요하고
  평온합니다. 젖 뗀 아이가 어머니 품에
안겨 있듯이, 내 영혼도 젖 뗀 아이와
같습니다. (시 131:1-3)

# 젖떨어진 어린 아기

아버지,

이제 제가 마음이

차분히 가라앉았습니다

고요랄까, 평온이랄까요?

고독과 침묵에 안주했습니다


내 딸아,

넌 네 지식과 지혜로

내게 오는 것을 포기했기 때문이다

너는 사랑으로 오는 길에

마침내 들어선 것이다

나에게 오려면 '사랑이라는 배'를 타야 한다
난 강 건너, 바다 건너에 있으니까

넌 이제 비로소
인간 세상의 젖줄에서 떨어진
한 어린 아기,
내 가슴에 포근히 안겼으니
그간 네가 세상에서 경험한
평온과는 다른 그 무엇,
안온과 충만, 평화를 느끼리라
새 생명과 영원한 기쁨,
꺼지지 않는 희망을 붙잡은 것이다

아버지,
이제부터 전 어떻게 해야 합니까?
이 평화와 기쁨과 희망이
짧게 끝날까 봐 두렵습니다
다시 세상의 젖을 빨게 될까 봐
은근히 겁이 납니다

여기에 이르는 동안
주름 생기고 흰머리 늘고
울다울다 늙어 버렸습니다

내 딸아,
세상을 더 끊어야 한다
더 큰 탈출을 시도하여라
거룩한 단순성 안으로 들어가라
네 감정과 생각 모두를
완전히 끊어야 한다
이제 지성도 버려라
지식으로 내게 다가오려고 해서는
결코 안 된다
오직 살아있는 믿음으로,
내게만 의존하는 사랑으로,
내 앞에 서 있어야 한다

사랑하는 아버지,
어떻게 해야 오만한 길에서

돌아설 수 있습니까?
교만한 마음을 버릴 수 있습니까?
거창한 길은 좇지 않은 지
오래 되었습니다
분에 넘치는 놀라운 일도
감히 하려 들지 않습니다
그러나 교만한 마음은
생전 없어질 것 같지 않아
두려움이 앞섭니다

사랑하는 내 딸아,
복잡하게 생각하지 말아라
젖 뗀 아기처럼 굴어야 한다
아무 생각도 없고
대화를 나눌 능력이 없는
어린 아기처럼
나와 눈 맞추고
나를 보고 방글거리면 된다
네 말을 많이 할 필요 없다

어린 아기가 엄마 말을
가만히 듣고만 있듯
너도 내 말을 듣기만 하면 된다
생명으로 생명을 전해 주마
사랑으로 사랑하도록 가르쳐 주마
네가 능동적으로
무엇을 하려고만 하지 않으면 된다
네 스스로 무엇을 하려고 하면
곧 어른이 되는 것이란다

사랑하는 아버지,
어른의 습관을 버리는 것이
쉬운 일이 아닙니다
길들여진 어른에서 탈피하도록
도와 주십시오
당신께서 능동적으로
저를 안고 업고 가시는 대로
제 온 존재를 당신께
온전히 의탁하고 싶습니다

지금의 이 고요와 평화를
영원토록 유지하고 싶습니다


내 사랑하는 딸아,
이제부터 영원히 나만을 의지하여라
이것이 젖떨어진 어린 아기가 되는
단 하나의 길이란다


아버지,
당신께만 의지하오니
당신의 젖을 주십시오   †아멘

# 먹히우는 기쁨 살아내기

주님,

먹는 일은 마냥 즐겁습니다

저는 평생 윗병을 앓았고

음식을 보고도 먹지 못하는

슬픔을 이고 살았습니다

그래서 잘 먹고 거뜬히 소화시키는 사람을 보면

언제나 부러웠습니다

위암에서 해방된 후에도

모든 음식을 다 먹지 못합니다

찬 것, 신 것, 짠 것, 매운 것,

모두 가리고 나면

몇 가지 음식밖엔 안 남습니다
멀건 흰죽과 싱거운 나물만
2년 동안 먹은 기억,
찹쌀떡 하나로 3년을 산 경험,
아무것도 못 먹고 맹물로 버틴 몇 년 등,
하루에 세 끼 밥을 먹어본 적이
별로 없습니다
위경련, 위염, 소화불량,
아직도 이것들 때문에
먹는 것이 부자유하지만,
거기다 치아까지 나빠서
꼭꼭 씹어 먹지 못해도,
여럿이 함께 모여 먹는 것을
저는 아주 좋아합니다
형제들 모두 모여 오순도순,
아기자기하게 환담하며
음식 나누기를 즐겨합니다

주님,

저는 훌륭한 솜씨 없어도
음식 만드는 것을 좋아합니다
싫증내기는커녕
다양한 종류를 연구하고
실습하고 솜씨부려
가족을 먹이는 것을 기뻐합니다
창조와 예술로서의 음식 만들기
그것을 좋아합니다
아프거나 건강하거나
바쁘거나 여유 있거나 아랑곳없이
저는 부엌에 있는 시간을 사랑합니다

주님,
당신도 먹이는 것을 좋아하셨죠?
당신은 일품요리사,
갈릴리 호수에서 잡은 베드로고기를
손수 요리하여
제자들에게 주시지 않았어요?
당신이 손수 만드신 맛있는 음식을 먹었던

제자들이 무척 부럽습니다
함께 계시기만 해도 구원인데
직접 만드신 음식을 먹었으니
그 이상의 구원이 어디 있겠습니까?

주님,
당신은 마침내 당신 자신을
먹이로 내놓으셨습니다
당신이 십자가에서 내놓으신 몸이
저희의 생명이 되었습니다
성찬상의 빵의 상징으로
당신은 아직도 당신 몸을
먹거리로 주십니다
저희는 당신을 먹고 사는 존재입니다

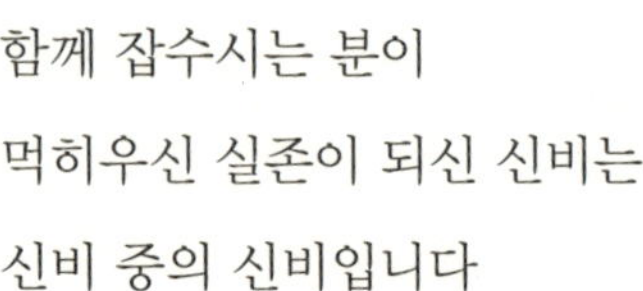

함께 잡수시는 분이
먹히우신 실존이 되신 신비는
신비 중의 신비입니다

주님,
당신은 날마다
저희 집 식탁의 주인이십니다
제 옆에 앉으셔서
가족의 애환을 함께 듣고 계십니다
함께 웃고 심각해지시고
즐거워도 하십니다
기쁨과 성령으로 가득찬
식탁을 만들어 주십니다
당신은 공생애 동안 셀 수 없이
제자들과 당신의 말씀을 들으려고 모인
여러 사람들과 유쾌한 식사를 하셨지요
가장 먼저 하나님나라의
기쁜 소식을 전하셨고,
하나님 아버지의 사랑과 무한한 자비,

그리고 끝없는 연민을
줄곧 말씀하셨습니다
듣기에만 그치지 않고
당신 말씀을 들은 후
그 상징을 통하여 체험하도록 하셨습니다
기쁨에 머물기, 그 기쁨에 가 닿기,
그 기쁨을 살아내기
그리고 그 기쁨으로 사귀기를
종용하셨습니다

주님,
초대교회 신자들도
집집마다 돌아가며 음식 나누고
기쁨의 원천이신 당신께서
식탁에 현존하시는 것을
날마다 체험했습니다
신바람나고 즐거운 일이었겠지요
기쁨을 한 가슴 안은 것은
분명히 성령을 체험한 것이지요

하나의 공동체를 이루도록 하신 것은
성령 하나님의 일이셨으니까요
국적도 뛰어넘고
주인과 하인, 남자와 여자,
가난한 자와 부자, 무식한 자와 유식한 자가
기쁨으로 하나되어
먹고 마시고 구원을 노래한 것입니다

주님,
한 가지를 배우고 싶습니다
함께 먹는 일도 중요하지만
당신처럼 먹히우는 사람이 되는 법을,
처음엔 틀림없이 함께 먹었는데
어느덧 자취를 감추고
먹혀 버리게 되는 법을    † 아멘

♣ 그들이 보는 앞에서 그의 모습이
변하였다. 그의 얼굴은 해와 같이 빛나고,
옷은 빛과 같이 희게 되었다. (마 17:1-8)

# 이 산에서 자고 깨면

어떤 사람이

당신의 산으로 오를 수 있다고 말씀하셨죠?

어떤 사람이

당신의 성소에

들어갈 수 있다고 말씀하셨죠?

예배드리는 곳이 곧

성산이고 성소이오매

오늘 저희가 당신께 드려야 할

마음의 제물이 무엇인지

분명히 알고 싶습니다, 주님

당신만을 모든 것 위에 섬기는

공경하는 마음,
두려워 떨며 감히 사랑하는 마음,
가슴을 찢으며 회개하는 마음을
제물로 내어 놓으라고 말씀하시는군요

당신의 마음에 드시기에는
너무 미흡하오나
시늉이라도 하며
당신 현존 안에서
경외심과 사랑,
회개의 제물을 드리오니
받아 주옵소서

주님,
당신이 계신 이 성전,
당신께서 친히 정해 주신
아름답고도 작은 이 산,
저희가 여기에서 자고 깨면
얼마나 좋겠습니까!
성부께서 사랑하시는 아드님
성부의 마음에 드시는 아드님,
당신과 함께 살면서
저희도 당신처럼
변형의 삶을 살 수만 있다면
오죽이나 좋겠습니까?

주님,
여기 현존하시는 주님,
저희가 한 목소리로 기도할 때
귀 기울이시며 눈길을 떼지 마옵소서
주님, 사랑하올 주님,
저희가 큰 목소리로 찬양할 때

저희 가운데 오셔서

은총과 사랑을 부어 주옵소서

주님, 능력의 주님,

저희가 한 마음으로 경배할 때

새 자아로 바뀌게 해 주옵소서

그리하여 그 날, 제자들과 함께 계시던

그 높은 산에서처럼

저희 얼굴이 해처럼 빛나고

찬란하게 눈부시도록

은총과 복을 내려 주옵소서   † 아멘

♣ 내 백성이 나를 알지
　　못하여 망한다. (호 4:1-6)

## 끊임없이 당신을 알고자 하는

당신이 누구신지 알지 못해서

망한다고 말씀하시는 하나님,

정말 그렇습니다

당신을 몰라서

마땅히 승리해야 할 일에서도 실패하며

죄를 피할 수 있는 경우에도

피하지 못합니다

성경을 읽을 때에도

무슨 뜻인지 모릅니다

당신을 알지

못하기 때문입니다

하나님,
그 옛날 이스라엘 백성에게
당신을 드러내 보이신 사건들을 통해서
영적 이스라엘인 저희에게
주시고자 하시는 의미를 캐내고
오늘의 삶에 적용하며
당신이 누구신지 끊임없이 알고자 하는
열성과 열정을 주옵소서
당신께 관한 지식이
풍부하고 심오해져서
피상성, 형식성, 추상성, 모호성을 벗어나
구체성, 본질, 명확성, 실재를
알게 해 주옵소서

거룩하신 하나님,
당신은 지고지대하신 뜻을
날마다 일깨워 주십니다
당신은 지고지순하신 사랑을
날마다 나타내 보여 주십니다

인류공동체가 당신의 말씀을
척도와 거울로 삼아
하루 속히 성화되길 원하십니다
당신의 거룩한 공동체 안에
세계만민이 하나되어
당신과의 약속을 완수하기 바라십니다

하오나, 하나님,
저희는 육신의 요구대로만 행하여
당신의 뜻과 동떨어져 걸어갑니다
저희는 세상에만 정신이 팔려
당신을 경외하지 않고 살아갑니다
당신을 더 알려고 하지 않고
재물과 권력과 명성을 얻는 법을
더 연구하려고 합니다
거짓되고 부도덕한 방법으로라도
세속적 부를 쌓으려고만 합니다
안락한 생활을 위해서
당신을 포기할 때가 너무도 많습니다

범죄하고도 폐허와 멸망을 거부하며
당신 법을 거스르고도
저주와 심판을 마다합니다

오, 우리의 하나님,
당신께서 논고를 펴시기 전,
당신이 누구신가 확실히 알고
당신 앞에 무릎꿇고 통곡하며
회개하는 자들이 되게 해 주옵소서
당신의 가르침을 마음에 두고
그 가르침대로 준행하게 해 주옵소서 ✝ 아멘

♣ 또 열두 대문은 열두 진주로
되어 있는데, 그 대문들이 각각 진주
한 개로 되어 있었습니다. (계 21:18-26)

# 어린양 혼인잔치

어린양이신 주님,

당신을 신랑으로 모실

어린양 혼인잔치의 그림을 그리며

오늘은 기뻐서 웃고

감격스러워서 웁니다

자리배치는 어떻게 될까

자못 궁금해 하며

베드로 사도, 요한 사도, 바울 사도를

번갈아 당신 옆에

앉혀 보는 즐거움을 맛보고 있습니다

여러 신부들의 오직 한 분의 신랑이라!

다 모일 때는 공동체의 신랑이요,
각자에게는 더할 나위 없는
유일한 신랑이십니다
천상혼례식의 신비가
안개처럼 제 눈에 가려져 있습니다

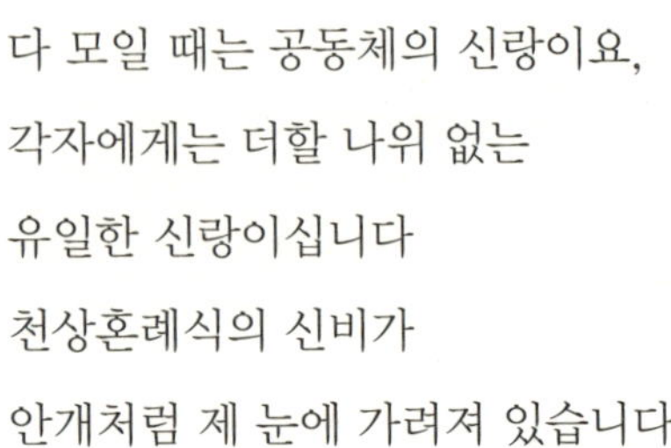

어린양이신 주님,
천국에 다녀왔다는 사람,
천국을 보았다는 사람이 꽤 있어서
저를 놀라게 해 줍니다
사도 바울처럼 신비체험을 한 것이 아니라
죽은 후 며칠 동안 천국을
순례하고 왔다는 사람들 때문에
사뭇 어지러워집니다

차라리 깊은 기도중에 탈혼했다든가
관상기도 가운데
순응일치, 변형일치 단계에서
잠깐 천국을 직관했다면
혹시 믿을 수도 있습니다
두텁게 드리워진 천국의 커튼이 벌어져
안을 오랫동안 들여다본 듯
너무 소상하게 묘사하여
깜짝깜짝 놀랍니다

어린양이신 주님,
형제들의 하나님체험이나
신앙증거를 무조건 믿지 않으려 하는 것은
잘못된 신앙인 줄 압니다
그들을 통해 간접체험을 함으로써
성장하라고 하신 당신 말씀을
분명히 기억합니다
그러나 천국을 샅샅이 구경하고 왔다는
이들의 증언이 너무 터무니없고

부활신앙에 근거하지 않았기에
전 곧이곧대로 믿지 못합니다
제가 잘못된 것일까요?


어린양이신 주님,
말하자면 이런 식입니다
예루살렘 도성의 성벽과 주춧돌 말이에요
벽옥과 순금, 사파이어, 옥수, 비취옥……
그리고 각각 진주 한 개로 되어 있는
열두 대문 묘사는
저를 자빠지게 합니다
이 땅에서 가장 귀한 보석과
그 나라에서의 것들은
전혀 똑같지 않기도 하려니와
상징으로 되어 있는 것들을
실재로 해석하고 있는 그들이
스스로 가짜임을 드러내고 있습니다
순금길을 걸었다고 자랑하는 사람이
죽는 것이 두려워

몸에 좋다는 보약은
천리만리 가서 구해오니
어떻게 믿을 수 있습니까?
그렇게 아름답고 화려한 천국을
실제로 본 사람이며
그토록 가고 싶어 사모했다면,
왜 이 땅에서의 수명을 늘려 보려고
바둥거리고 있는가 말입니다
당신은 어떻게 생각하시나요?


어린양이신 주님,
그는 계속해서 천국 간증을 하는 도중
자신도 모르게 말을 지어서 합니다
천국에 입성한 사람들은
여기서 하늘로 올려보낸 것 –
구제하고 봉사한 희사금,
그리고 교회에 바친 헌금,
선행으로 나눈 것들로
멋진 집을 짓고 산다는 겁니다

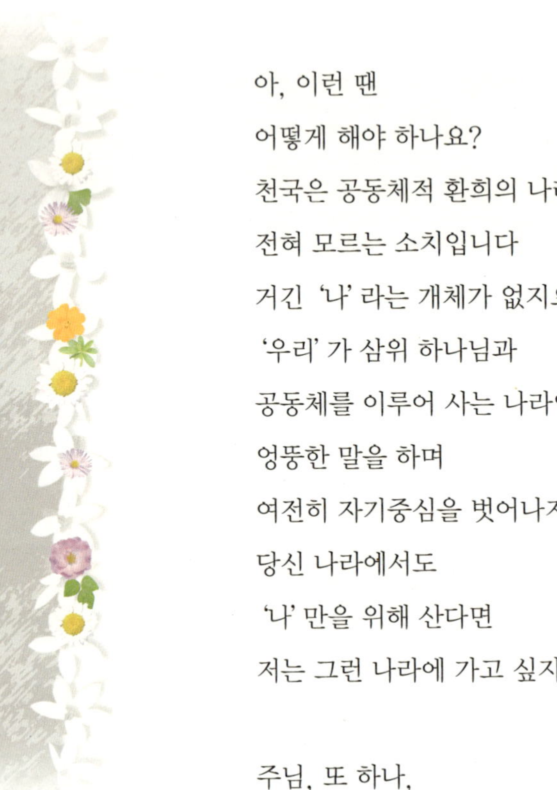

아, 이런 땐
어떻게 해야 하나요?
천국은 공동체적 환희의 나라임을
전혀 모르는 소치입니다
거긴 '나'라는 개체가 없지요
'우리'가 삼위 하나님과
공동체를 이루어 사는 나라인데
엉뚱한 말을 하며
여전히 자기중심을 벗어나지 못합니다
당신 나라에서도
'나'만을 위해 산다면
저는 그런 나라에 가고 싶지 않습니다

주님, 또 하나,
천국을 보고 온 사람의 이야기에
잘못된 점이 있었지요
그 나라는 계속 먹고 자고
쉬기만 한다는 것입니다
깨어서 열심히 일하는 나라이며

깨어 있음이 쉼인 것을
이해하지 못하고 있었습니다
거긴 잠자는 나라가 아니요,
'사랑의 활동이 있는 나라'라고
당신은 언제나 힘 주어 말씀하시지요
특별한 휴식이
필요없는 나라가 아닌가요?
충분한 안식에너지가 있으니까요
심심하고 한가할 시간이
어디 있겠어요?
동면에 들어가는 개구리처럼
잠만 쿨쿨 자는 나라로
설명하고 있어서 안타깝습니다
아무 말도 하지 않고 듣고만 있었지만
어처구니가 없습니다
온전히 신비의 베일이 벗겨질 때까지
누가 감히 천국을 말할 수 있겠습니까?

주님,

당신이 보여 주신 나라는
이런 나라라면서요?
서로가 서로 안에 존재하는 나라,
삼위의 평화와 사랑이 있는 나라,
다스림 받는 자 없이 모두가 다스리는 나라,
오직 하나님의 뜻대로 이루어진 그 나라,
공간이라기보다 시간인 나라,

영원에 당도하여
통시적으로 사는 나라라고요
영원에는 영광만 존재하며
그림자는 없습니다
영원엔 높고낮음도 없고
오직 공의와 사랑, 빛이 있을 따름입니다

영원은 참 생명의 자리,
새로운 역사 속에 편입되어
끝없는 아름다움으로의 생이
시작되는 자리임을 믿습니다
노래와 춤, 새로운 생명과
기쁨이 솟는 나라,
무아경과 황홀,
지복만을 누리는 그 나라를
알게 해 주십시오
그 나라에 들어가도록
여기서 새 삶을 준비하게 하시고
그 삶을 위한 자아의 죽음을
여기서 단행하게 해 주시길
간절히 바랍니다   ✝아멘

♣ 주님, 응답하여 주십시오. 이 백성으로
하여금, 주님이 주 하나님이시며, 그들의
마음을 돌이키게 하시는 주님이심을,
알게 하여 주십시오. (왕상 18:30-40)

# 영광의 임재, 구원의 불

능력 그 자체이신 하나님,

엘리야시대에 갈멜산을 휩싸며 펼쳐지던

당신의 능력을 상고하니

가슴에 불길이 일어납니다

제단을 태울 불의 내림,

이스라엘 백성의 기갈을 씻어줄

물의 내림 장면이

한 폭의 그림처럼 아른거립니다

오 하나님,

불의 응답을 간절히 구하며

당신의 영광이 임하길 소원했던

예언자 엘리야 때처럼,
오늘 저희에게 불을 내려 주소서
당신의 빛나는 영광의 임재를
오늘 여기서 뵈옵게 해 주소서
제단 주위로 물이 넘쳐 흐르듯,
저희의 눈과 마음에서
회개의 눈물이 철철 넘치게 해 주소서

그 눈물을 보시고 당신께서
지체없이 구원의 불을 내리심으로써
주님이 저희의 하나님이심을
확실히 깨닫게 해 주소서

저희의 길을 돌이키길 원하시는 하나님,
당신은 먼저 마음을 돌이키기를 원하십니다
그릇된 생각부터 돌이키게 해 주소서
사악한 동기와 지향을 바꾸게 해 주소서
느슨한 결심과 각오를
다부지게 여미게 해 주소서

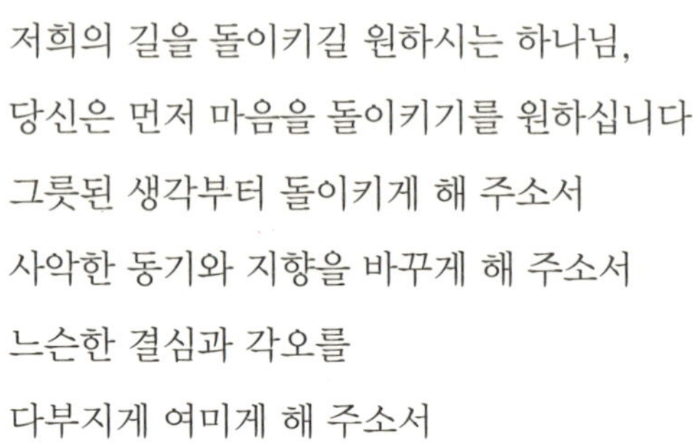

당신께로, 당신께로만,
온전히 저희의 존재가 향하게 해 주소서
그리하여 한마음으로 당신을 사랑하고
한뜻으로 당신을 경외하게 해 주소서
하나님 아버지,
그릇된 가치체계로부터

돌이키게 해 주소서
부정적인 성향과 악행을
바꾸게 해 주소서
게으름과 안일을
몰아내게 해 주소서
새로운 인간성으로 갈아입고
본질자아로 당신과 하나되고
영구자아로 당신과 합일하게 해 주소서
우리의 마음을 돌이키게 하시는 능력이
당신께 있음을 믿사오니
어서 도와 주소서   † 아멘

♣ 그러나 하나님은 자비가 넘치는 분이셔서,
우리를 사랑하신 그 큰 사랑으로,
범죄로 죽었던 우리를, 그리스도와 함께
살려 주셨습니다. (엡 2:1-7)

# 죽음에서 생명으로

인자하신 아버지,

지난 세월 돌이켜보면

저희가 걸어온 길은

죄의 길이었습니다

저희가 쌓아 놓은 것은

죄의 더미였습니다

저희가 행하고 말한 것은

온통 죄의 무더기였습니다

어찌 그토록 염치없이

죄와 잘못을 저지르며 살았는지

부끄럽고 황송하기 그지없습니다

회심하여 새롭게 결심하고
당신께로 전인격적인 방향을
고정시킨다고 약속하고도
어느 새 자신도 모르게 탈선하곤 했습니다
아, 구원이 멀고 먼 죄인들이었습니다

하오나 자애로우신 아버지,
당신은 저희를 그냥 버려 두시지 않았습니다
사랑하시는 아드님을 통하여
많고많은 죄를 용서해 주시고
당신의 자녀로 삼아주심으로써
구원의 대열에 들게 해 주셨습니다
진정으로 감사드립니다

감사하올 하나님 아버지,

죄와 잘못 때문에 죽었던 저희를

그리스도와 함께

다시 살려 주시니 감사합니다

당신을 알기 전에는

세상의 풍조 따라 살면서

마구 죄를 지었습니다

본능적인 욕망을 따라 살며

마음대로 죄를 지었습니다

악령의 지시대로 살며

숱한 죄를 지었습니다

참으로 비참한 인간이었습니다

파멸할 수밖에 없는 불쌍한 인간이었습니다

하오나 아버지,

당신의 그 크신 사랑으로

구원해 주시오니 감사합니다

은총으로 구원받은 것을 감격하며

기뻐 노래부릅니다

감사하올 하나님 아버지,
당신을 믿기 전에는
진노를 살 수밖에 없던 죄인이었습니다
온갖 악의 세력과 결탁한 죄인이었습니다
저희가 지은 그 죄가
순결을 죽였고

저희가 저지른 그 죄가
이상을 죽였으며
저희가 범한 그 죄가
의지를 죽였습니다

다시는 재생될 것 같지 않아

절망했던 죄인들입니다

죄에 얽매여 정욕에 이끌려 살았던 저희는

죽은 자나 다름없었습니다

하오나 당신의 은혜로

그리스도 예수 안에 있는 생명을

얻게 해 주시오니 감사합니다

구원의 큰 기쁨 가운데

당신의 풍성한 은혜와 자비를

높이 기리옵니다

이제 죽음에서 생명으로

건너오게 해 주심을

무한감사합니다   † 아멘

♣ 내 눈을 열어 주십시오. 그래야 내가
  주님의 법 안에 있는 놀라운 진리를
볼 것입니다. (시 119:18, 147−148)

# 눈을 열어 주소서

내 주 하나님,

당신의 말씀을 갈망하여

당신의 입만을 올려다봅니다

당신 법의 그 놀라움을

더 깊이 알고자

뜬 눈으로 밤을 지새웁니다

제 눈을 열어 주소서


마음의 눈을 열기 위하여

육신의 눈을 감습니다

눈에 보이는 것들을 끊기 위하여

눈을 가리웁니다
아직도 보이는 것이
더 잘 보여 눈물납니다
언제쯤 안 보이는 것을
더 환히 보며
감춰진 진리를 발견한 기쁨에
젖을 수 있겠습니까?

나의 주 하나님,
오늘은 어린 시절의 제 모습이 보입니다
고추잠자리 잡는 동생 따라다니며
메뚜기 잡아 줄에 꿰던 나,
새 쫓으러 논에 갔다가

허수아비에게 맡기고 도망친 나,

감나무 밑에서 연시 떨어지기 바라며

온종일 입만 벌리고 있던 나,

그 때 건너마을 바보가

"진짜 바보는 내가 아니라 너야."

라고 했던 말과 함께

며칠 동안 턱이 아파 잠못 이루던 나,

그 바보가 보입니다

어머니 잃은 상실감을 숨기려,

슬픔의 눈물 감추려,

헛간 잿더미 속에 숨어 있던 나,

총기 좋아진다며

할아버지가 잡아준 도마뱀

기쁘게 먹던 나,

사촌들의 등을 타고 올라

처마 밑 새집에서

따끈따끈한 새알 꺼내던

장난꾸러기 나,

마음 여리고 몸 약한 나,

쥐가 나서 전신에 쑥뜸 뜨고
사흘 낮밤 죽어 있던 나,
아무 쓸모없는 내가 보입니다

내 주 하나님,
또 한 사람이 보입니다
미국에 사는 동갑내기,
고종사촌의 얼굴이 떠오릅니다
손재주 있고 눈썰미 있고
공부를 썩 잘했던 사촌,
철사로 갖가지 핀을 만들어 준 사촌,
피난길에서 잠시 또 피신했던
어느 시골집 부뚜막 솥 건 자리에
저와 함께 고개를 틀어박고
추위를 달래던 사촌,
검둥이 되어 그 이튿날 아침
서로 쳐다보고 웃던 사촌이 보입니다
월남에 다녀온 이후
인생철학자 되었고

혼기를 놓치고 홀로 사는 사촌,
그 때나 이 때나, 이 집 저 집,
궂은 일 도맡으며
희생과 봉사만 하고 있는 사촌,
새벽까지 셜록홈즈의 탐정소설 읽으며
혼자 즐겁게 사는 사촌,
교회 일 전부 맡아 헌신하지만
사례비 한 푼 받지 못하고
충성만 하는 사촌,
그가 문득문득 보고 싶습니다

내 주 하나님,
저마다 살아가는 방식이 다르고

의미를 찾는 방법이 다릅니다

겉눈을 뜨고 세상을 보면

살고 싶은 마음이 생기지 않습니다

그러나 속눈을 뜨면

거기에 당신께로 가는 길이 있으며

당신 말씀의 보화가 있습니다

평생 깨달을 수 없는

심오한 진리가 있습니다

그러나 그 진리 안에서

참 기쁨을 얻습니다

참 쉼을 얻습니다

더 깊은 곳에 있는 것을

캐내며 들어가는

큰 기쁨이 있습니다


내 주 하나님,

제 눈을 뜨게 해 주옵소서

당신의 말씀 속에 묻힌

세계를 보게 해 주옵소서

하늘나라의 신비,

영광의 신비에

눈을 열게 해 주옵소서

나이먹을수록 시력은 약화돼도

안광이 세차

안 보이는 곳까지 뚫고 들어가

당신을 뵙게 해 주옵소서   †아멘

10월
October
9일

♣ 이 사람이나 그의 부모가 죄를
지은 것이 아니다. 하나님께서
하시는 일을 그에게서 드러나게
하시려는 것이다. (요 9:1-7)

# 존재라는 그릇

놀라운 일을 드러내시기 위하여

인간을 도구로 쓰신다고요?

악한 길에서 돌아서서

선한 길로 들어서길 촉구하시며

때로는 힘든 시련을 겪게 하신다고요?

주님, 아버지께서는

관계의 단절로 인한 고통,

육체의 질병,

가난이 주는 아픔을 거침으로써

존재라는 그릇도 넓혀 주신다면서요?

이 보잘것없는 것들을

깨뜨리고 부수셔서라도
계속 도구로 써 주실 뿐만 아니라
하나님나라의 일까지도
이뤄가고 계시다면서요?
진심으로 감사합니다

빛으로 오신 주님,
당신께서는 눈먼 저희들의
눈을 뜨게 하시어
보는 은총을 주시고자 하십니다
하오나 저희는 소경이면서도
눈이 잘 보인다고 하며
여전히 죄를 짓고 있습니다

눈이 멀어 있음을 인정하고
당신께 나아가 치료 받아
밝히 보게 해 주옵소서

파견자로 오신 주님,
보내신 분의 일을 하시기 위하여
당신은 아버지의 일만 하십니다

하오나 저희는 아버지의 뜻과
놀라운 일이 무언지 몰라
만사를 저희 뜻대로 하며
모든 것을 저희 식대로 해석합니다
때로는 저희의 고통과 질병은

아버지의 영광을 드러내기 위함임을

까맣게 모르고

원망과 분노를 일삼습니다

아버지의 뜻과 일을 바로 깨닫고

당신이 누구신가도 확실히 알 수 있도록

영안을 뜨게 해 주옵소서   † 아멘

♣ 그렇게 하고 난 다음에는,
법을 어기고서라도, 내가 임금님께
나아가겠습니다. 그러다가 죽으면,
죽으렵니다. (더 4:9-16)

# 죽으면 죽으렵니다

밤 지새워 기도하신 주님,

먹는 것을 끊으며

놀이를 포기하며

중보기도를 하고 싶나이다

자는 것을 줄이며

하고 싶은 일을 삼가며

중보기도를 하고 싶나이다

굶주린 이들에게 줄 빵이 없고

목마른 이들에게 줄 물이 없고

헐벗은 자들에게 줄 옷이 없어도

그들을 기억하며,

은혜를 구하며

사랑하는 마음으로 나누어 줄

시간은 가지고 있사오매

그들의 필요와 부족을 대신 아뢰며

소원이 이뤄지는 것을 보고 싶나이다

어떤 위기를 맞더라도

함께 기도할 중보기도자가 되고 싶나이다

죽음으로 생명을 선사하신 주님,

죽음을 각오하는 삶을

살고 싶나이다

종말론적 숙고 안에서

죽듯이 살고 싶나이다

당신의 뜻에 자신을 포기하는
에스더의 비장하고 용감한 선언,
"죽으면 죽으렵니다"를
뜨거운 가슴으로 외치고 싶나이다
사랑의 절정인 죽음을
희생의 극치인 죽음을
생명의 시작인 죽음을 결단하며
당신을 필사적으로 섬기고 싶나이다
형제를 헌신적으로 돌보고 싶나이다
저희 자신을 긍정적으로 받아들이고 싶나이다
✝ 아멘

♣ 하나님께서, 우리의 마음 속을 비추셔서,
예수 그리스도의 얼굴에 나타난 하나님의
영광을 아는 지식의 빛을 우리에게
주셨습니다. (고후 4:1-6)

# 그 영광으로 말미암아

영광의 빛에 둘러싸여 계신 하나님 아버지,

당신을 생각하기만 해도

영광스럽습니다

영광을 두루마기처럼 입으신

아버지 하나님,

당신의 이름을 부르기만 해도

영광스럽습니다

시작이시요 마침이신 아버지,

당신께서 당신의 모상대로

인간을 지으심으로써

영광스러운 인생을

시작하게 하신 것처럼

마침내 종말론적 삶의 결산날에 가서도

당신의 영광의 빛에 참여하게 해 주시옵소서

그 날의 찬란한 영광을 바라보며

희망에 가득차서 걷기를 원하오니

인생길에서 만나게 되는

온갖 반대자들과 악한 영과의 투쟁에서도

넉넉히 이길 힘을 주시옵고

제 자신의 가변적이고 음흉하며

교활하고 불순한 속성들까지도

교정할 수 있는 은총을 내려 주시옵소서

저희의 마음 속에
빛을 비춰 주시는 하나님,
그 빛으로 말미암아
그리스도의 얼굴에 빛나는 당신 영광을
깨달을 수 있게 하심을 감사합니다
당신이 하시는 일은
언제나 창조적 결과를 빚으오매
영혼이 새로 태어나는
경이로운 일이 창조됩니다
저희의 회심체험이 그러하옵고
저희의 중생체험이 그러하옵니다
영광의 하나님,
저희가 당신께 돌아와 회개하기 전에는
흑암과 혼돈 그 자체였습니다
당신의 영광을 지니신
우리 주 예수 그리스도께서
저희의 추한 영혼을 들여다보시고

당신의 영광을 가리운

교만과 죄의 너울을 벗기신 후
아드님의 참 생명을
불어넣어 주셨사옵니다
아, 이 벌레보다도 못한 저희를
당신의 모상대로 재창조하시고자
오늘도 당신의 사랑으로 녹이시는 당신 앞에
마음문 열고 목 놓아 웁니다   ✝ 아멘

# 오래 참음을 옷 입듯

아버지,

당신 아니시면

결코 만날 수 없었던 사람들을

사랑의 띠로 묶어

한가족 이뤄 살게 해 주신 것을

감사드립니다

곰곰이 생각할수록

더 뜨겁게 감사하는 마음이 솟구칩니다

고향도 다르고 성격도 다르며

성장배경과 혈통도 다르며

재능과 은사도 다르고

생김새는 더더욱 같지 않은 사람들끼리
공동체를 이뤄 사는 것이
꿈만 같습니다
동서남북 곳곳에서 모아 주심
감사드립니다

아버지,
식탁에 빙 둘러앉아
얼굴 하나하나 뜯어보면
어느 한 구석 닮은 데라곤
전혀 찾아볼 수 없습니다
그러나 십여 년 함께 산 덕택인지
이 집이 지니고 있는
문화와 에너지의 향기가
어디엔가 묻어 있습니다
함께 고뇌하고 서로 위로하고
서로 사랑하고 함께 기뻐하며
자신도 모르게 '너'를 향하고 있었나 봅니다
도저히 한 달도 더불어 살기 어려울 줄 알았는데

동화되고 적응하고
양보하고 포기하는 법을
배우게 되었습니다

아버지,
같은 피를 나눈 형제들끼리도
당장 안 볼 것처럼
티격태격하는 세상에서
큰 다툼 없이 어울려
살게 해 주신 것을 감사합니다
끼리끼리 횡적으로 친하진 못해도
저를 중심으로
거미줄처럼 사랑의 줄을 치고

단단한 결속력을 보여 줍니다

상처 투성이인 저들을

지금까지 품어 주셔서 감사합니다

먹여 살리는 일에 바빠

충만한 사랑을 못 먹이는 저 대신,

당신께서 아픈 곳 싸매 주시고

절망에서 희망으로,

어둠에서 빛으로,

끌어내 주시니 감사합니다


아버지,

언제까지 서로 얼굴 맞대고

한솥밥 먹으며

엄마 아빠, 딸 아들, 언니 동생 오빠

노릇할지 모르오나

부디 따뜻한 동정심과

친절과 겸손한 마음과 온유로

서로 돕게 해 주십시오

피차 불평할 일이 있어도

서로의 처지를 이해하며

친형제자매처럼 아끼고

위하는 사랑으로 살아가도록

은총 베풀어 주십시오

무엇보다 관계에서 비롯되는

혐오와 부적응,

미움과 질투를 극복하며

오래 참음을 일상복처럼

입게 해 주십시오   † 아멘

# 눈이 잘 보인다고 부득부득

"나에게 바라는 것이 무엇이냐?"고
물으시는 주님,
자비와 긍휼을 바랍니다
"나에게 원하는 것이 무엇이냐?"고
물으시는 주님,
구원과 영생을 원합니다
항상 먼저 오셔서 저희의 소원을 물으시고
진정으로 원하는 바를
믿음으로 아뢸 양이면
지체없이 들어 주시는 당신께
감사와 영광을 드립니다

당신께서는 저희의 부족과 결핍을

채워 주고 싶어하십니다

저희의 갈망과 소망을

이뤄 주기를 원하십니다

그래서 시시때때로

길을 가시다가도 발걸음을 멈추시고

저희의 소원을 물으십니다

저희가 기대하거나 바란 것 이상으로

넘치게 베풀어 주십니다

진심으로 감사드립니다

주님,

어떤 사람에게는 물질을 주셨고,

어떤 이에게는 기회를 주셨습니다

어떤 사람에게는 시련을 통하여 성숙을 주셨고,

어떤 이에게는

고통을 통과한 후의 영광을 주셨습니다

누구에게는 믿음을 선사하셨고

또 누구에겐 영적인 축복을 주셨습니다

누구에게는 성령의 은사를 주셨습니다

감사하옵고 감사합니다

주님,

당신께 바라는 것이 있습니다

눈을 떠서 당신을 보게 해 주십시오

당신이 구세주이심을

알아볼 수 있게 해 주십시오

당신을 부르는 자 앞에 걸음을 멈추시고

사랑을 속삭이시며

자비를 베푸시오니

믿음으로 구하는 이 소원을

못 들은 체하지 말아 주소서

하오나 저희들은 눈이 멀고도

눈을 떴다고 우겨댑니다

못 보고 못 듣고 못 느끼는 죄인을

불쌍히 여겨 주소서


주님,

나사렛 예수가 구세주인 줄

알고 있었던 바르디매오는

눈 뜬 저희보다

얼마나 믿음이 좋은 사람이었던지요!

그는 당신의 음성만을 듣고도

당신이 구세주이심을 알아 보았습니다

당신의 소문만 듣고도

당신이 구세주이신 줄 확신했습니다

자신이 구원받아야 할 죄인임을 알아차린

그의 믿음을 본받게 해 주소서

저희도 눈을 떠서

하늘나라를 보게 해 주소서

눈이 잘 보인다고

부득부득 우기는 죄인들을

긍휼히 여겨 주소서   †아멘

♣ 그러므로 한 사람으로 말미암아 죄가 세상에 들어왔고, 또 그 죄로 말미암아 죽음이 들어온 것과 같이, 모든 사람이 죄를 지었기 때문에 죽음이 모든 사람에게 이르게 되었습니다. (롬 5:12, 창 35:29)

# 응고된 생명의 녹아내림

하나님,

죽음은 오래 사귄 죽마고우입니다

죽음은 흉금을 털어 놓는 막역지우입니다

죽음은 저의 단짝 친구입니다

저는 세 살 때부터 죽음과 동거했고

육십이 된 지금도

그와 잠자리를 같이 합니다

전 죽음이란 친구와 다정하며

둘도 없는 친한 친구입니다

저와 그는 자주 뺨을 비비고

입도 맞춥니다

그의 포옹이 질려서
제가 헤어나오지 못할 때는
그 친구는 미안한지
두 손 들고 가버립니다
언젠가는 씨름에서 자기가 이기리라 생각하며
야릇한 미소를 짓습니다

하나님,
그런데 사람들은 제 친구를
원수로 여깁니다
죽음을 너무 무서워합니다
이름만 들어도 몸서리칩니다
그가 방문할까 봐 염려합니다
죽음이란 그 친구,

참 진실하고 좋은 친구인데
아직 사귀어 보지 않고
그 속마음을 이해하지 못해서
그런가 봅니다


전 어려서부터
그 친구와 자주 만나서 그런지
다른 사람보다 두려움이 덜합니다
막내동생의 죽음,
피난길에서 신물나게 본
인민군과 중공군 병사들의 죽음,
그리고 입원실에서 맞닥뜨린
환우들의 죽음, 죽음……
아버지의 죽음, 올케의 죽음,
그리고 「평화의 집」 어른들의
끝없는 죽음의 행렬을 보았습니다
산 사람 목욕시키듯
죽은 이들의 몸을 물로 씻깁니다
그렇다고 무감각해진 것은 아닙니다

하나님,
이 가을이 다시
죽음을 생각하게 해 줍니다
심심치 않게 부음이 들려옵니다
오늘은 제 친구 죽음과
본질로서의 죽음을 토론해 볼까 합니다
죽음 앞에서 인간은 무력합니다
죽음의 폭력, 무자비한 현실은
말을 못하게 합니다
실제로 죽음 앞에서
저희는 침묵합니다
그럼에도 불구하고 저희는
죽음에 대해서 말해야 함을
분명히 일깨워 주소서
죽음은 저희의 본래의 사건이기 때문입니다

하나님,
죽음에 대한 바른 인식만 있다면
그를 친구로 삼아

무서워하지 않을 수 있을 것 같습니다
죽음만은 확실하다는 인식 말입니다
누구나 죽으리라는 것을 알면서도
자기는 빼놓고 모든 이가 죽으리라
생각하기 때문에
저희는 죽음을 두려워합니다
죽음은 이중성을 지니고 있다는
확실한 명제를 붙들게 해 주소서
죽음을 아주 흉측한 무엇으로 여기지만
죽음을 구원으로서
동경하는 사람들도 있습니다
혹독한 고통중에 있던 사람이 죽으면
그것은 그 사람을 위해서는
하나의 구원이라는 판단을 합니다
아브라함이나 야곱에 대해서도
명이 다하여 숨을 거두었다며
구원사실로 받아들이고 있습니다
분명히 죽음은
구원으로 들어가는 입구입니다

하나님,

인간은 죽음을

무자비한 것으로 체험합니다

죄의 결과라고 이해합니다

그래서 죽음은 인간의 탓과 죄의 표현이 되고

사람은 이웃과 하나님을 거스른 것을

체험하게 됩니다

죽음은 틀림없이 죄의 가견성입니다

하오나 하나님,

죽음을 기뻐하는 사람들도 있습니다

죽음은 생명의 본질실현이라고 말합니다

죽음 안에는 죽음이 자리하지 않고

오히려 응고된 생명이 녹아내린다는 것입니다

그렇습니다, 하나님,

죽음은 하나의 해방,

생명의 마지막 가능성임을

믿게 해 주십시오   ✝ 아멘

# 왜 아무것도
# 아닌 것이 그 무엇인가?

생명이신 주님,

전 당신께서 도우시지 않으면

아무것도 하지 못합니다

당신께서 가르쳐 주시지 않으면

아무것도 모릅니다

당신이 해 주시지 않으면

아무것도 할 수 없습니다

당신이 날마다 새로 창조하시지 않으면

아무것도 아닙니다

이 아무것도 아닌 것을

무엇을 알게 하시고

가르치게 하시고

일하고 살아가도록 하시며

죄를 용서받고 자유를 얻도록 하시고

오직 사랑과 은총으로 구원받게 하셔서

그리스도인 되게 하시며

아버지의 딸 되게 하시니 감사합니다

더더군다나 이 덧없는 생명을

영원한 생명으로 건너게 해 주는

죽음을 주신다니 감사합니다

실제로 죽어 보지 않고도

죽음을 알게 하시고

실제로 영생을 누려 보지 않고도

그것을 바라게 하시고

약속해 주시니 감사합니다

인간이야말로

가장 위대한 피조물임을 깨닫습니다


생명이신 주님,

생명 한가운데 죽음이 있고

죽음 가운데 생명이 있음을 느낍니다

인생이란 죽음으로 가는 길이지요

죽음은 마지막에 일어나는

특수한 사건이 아닌데

사람들은 죽음을

왜 마지막이라고 말하는지 모르겠습니다

죽음은 이제 비로소

살기 시작한다는 뜻 아닙니까?

죽음에 임박한 자들이

불가피하게 맞는 것이 아니라

태어날 때부터 피할 수 없는 길이었지요

하지만 저희의 생명은

죽음으로부터 빛을 받는다는 사실을

믿고 또 믿습니다


생명이신 주님,

완전히 새로운 몸을 입지만

영체라고 부르나요?

새로운 자, 새로운 차원으로
건너뛰게 하는 이 죽음은
아무것도 아닌 것을
그 무엇으로 만들어 줍니다
"왜 아무것도 아닌 것이
그 무엇인가?"
철학자들은 원초적인 질문을 합니다

아무것도 아닌 이 인간이
죽음으로부터 새 생명을 받아
비로소 그 무엇이 된다니
가슴이 두근거립니다
생명 전체가 죽음의 그림자 밑에 있고

죽음으로 인해 결정됨을 믿습니다
다시는 되풀이되지 않는
영원한 생명으로 들어갑니다
하늘의 존재가 됩니다
아, 아무것도 아닌 제가
그 무엇이 될 날을 기다립니다

생명이신 주님,
죽음은 하나의 예술임을 믿습니다
멕시코인들은 위령의 날을
축제일처럼 지냅니다
죽음의 신으로 가장을 하고
자전거도 타고 자동차도 타고 다니며
즐거워합니다
그들은 죽음을 하나의 예술로
예찬하고 있습니다
죽음이 제 생활의 최후목표가
되게 해 주십시오
안도감을 주고 위로를 주는

가장 좋은 친구로 삼게 해 주십시오
죽음이 우리의 참된 행복의 열쇠임을
알 수 있는 지혜를 주십시오
아직 젊은 사람들도
내일엔 세상에 없을지도 모른다는 생각을 하며
잠자리에 들게 해 주시고
그런 행복을
매일 당신께
감사하게 해 주십시오
죽음을 겨냥하여 준비함으로써
죽는 예술을 살게 해 주십시오

생명이신 주님,
인간다운 죽음과 인생과는
결코 분리될 수 없겠죠?
성금요일에 십자가에서 맞으신
당신의 죽음을 기억합니다
당신은 큰 소리를 지르시고
숨을 거두셨죠

“이제 다 이루었다.” 하시기도 하고
“아버지, 제 영혼을 아버지 손에 맡깁니다.”
라고도 말씀하셨죠
당신의 죽음은
생명을 잉태한 것이었습니다
저희도 언젠가는 죽습니다
저희의 죄 탓으로 죽는다고 생각하든,
죄의 결과로 죽음을 치러야 한다고 여기든,
저희는 이 땅의 삶을 끝마치고
저리로 옮겨져야 합니다
삶은 죽음으로 가는 길임을
확신하게 해 주소서
죽음 후의 영원한 삶을 믿고
영원히 살기 위해
온전히 죽게 해 주소서   † 아멘

♣ 네가 부르짖을 때에,
　주께서 '내가 여기에 있다.' 하고
대답하실 것이다. (사 58:9-10)

# 다정한 벗과의 사귐처럼

부르짖으면 대답해 주신다고요

하나님 아버지?

살려달라고 외치면 살려주시겠다고요

아버지 하나님?

부르짖으오니 응답하옵소서

살려 주십사 외치오니

영원히 살려 주시옵소서

그러나 조건이 붙는다고요

하나님 아버지,

참된 단식 후에 기도해야

그제야 들어주시겠다고요

아버지 하나님,
당신께서 기뻐하시는
단식을 하겠사오니
저희 기도에 대답해 주시옵소서

참된 기도가 무언가요
하나님 아버지,
기도드리기 전 나누고
베푸는 일부터 하라고요
아버지 하나님,
그리스도를 닮은 기도를 하라고
말씀하시는 거죠

다정한 벗과의 사귐처럼
날마다 당신과의 만남을
가지라시는 거죠
아, 아버지,
성령 안에서 그리스도의 이름으로
성부이신 당신께 부르짖으오니
이 기도를 받아 주시옵소서   † 아멘

♣ 기쁨은 오직 주님에게서 찾아라.
주께서 네 마음의 소원을
들어 주신다. (시 37:1-8)

# 무엇을 갈망하고
# 무엇을 버려야 할지

자비로우신 아버지,
당신의 대답은 한결같으십니다
"나만 믿고 살아라."
당신만 믿고,
당신에게서 기쁨을 찾고,
당신께 맡기고,
불의한 자들의 일시적 성공에
격분하고 불평하지 않으며,
고요를 지키는 자가
승리한다고 말씀해 주십니다

무력하고 무능한 저희가

아무리 애태우고 끌탕해 보아야

아무 소용이 없다는 것을

알아차리라고 일러 주시는데도

저희는 당신의 나라가 있다는 것을

깜박 잊고

이 땅에서 모든 일의 결말을 보려는

미련함과 성급함 때문에

자신을 볶고 성질을 부리며

믿음을 내팽개치는

무서운 죄를 짓고 살아갑니다

용서해 주시옵소서


마음의 소원을 갖게 하시고

그 소원을 들어 주시는 하나님 아버지,

오늘도 마음 속 가득한

열망과 절원을 가지고 나왔사오니

귀여겨 들어 주시옵소서

하오나 마음의 소원도

당신의 뜻을 따라야 하며

고된 훈련이 필요함을 알고 있습니다

당신의 뜻대로 생각하고 바라고 믿는 과정을

절제와 인내와 사랑을 통하여

열심히 연습하게 해 주시고

무엇을 갈망하고 무엇을 버려야 할지

분별하는 지혜를 주셔서

당신께서 몸소 행하시도록

오직 당신께 맡기는 믿음을 주시옵소서


당신에게서 즐거움을 찾고

당신 한 분으로 만족하기를

원하시는 하나님 아버지,

당신 앞에서 기다리고

당신 안에서 고요를 만들고

당신만을 믿기 원하오니

저희의 소원을 들어 주시옵소서

악인의 형통한 날은

길지 않음을 알고 있습니다

악한 자와 불의한 자의 덧없는 성공을 시샘하며

안달하고 초조해하고

흥분하지 말게 해 주옵시고

당신께 순종하여

당신 입에서 나오는 말씀 먹고

당신의 평화를 얻으면,

영원한 승리와 영광의 날이 오리라는

믿음을 갖게 해 주시옵소서

다만 승리의 기준을

당신의 심판에 두게 해 주시옵소서　✝아멘

♣ 아, 슬프다. 어찌하여 금이 빛을 잃고, 어찌하여 순금이 변하고, 성전 돌들이 거리 어귀마다 흩어졌는가? (애 4:1-22)

# 우리의 미래이신 당신

당신 없인 살 수 없습니다
주님, 사랑하는 주님,
당신을 떠나선
아무것도 할 수 없습니다
주님, 사랑하는 주님,
당신은 우리의 유일한 구원이십니다
우리의 전부이십니다, 당신은,

당신 뜻을 저버리곤
살 수 없습니다
주님, 자비하신 주님,

당신을 의지하지 않고선
아무것도 이룰 수 없습니다
주님, 자비하신 주님,
당신은 우리의 오직 하나의 목표이십니다
우리의 미래이십니다, 당신은

오 주님,
우리의 눈이 당신만을 향하게 하소서
우리의 마음이 당신만을 사랑하게 하소서
우리의 영혼이 당신만을 희망하게 하소서
우리의 온 존재가 당신만을 믿게 하소서
오 구원이신 주님,
우리를 회개의 길로 인도하시고

죄를 벗겨 주소서

멸망에서 건져 내시어

당신의 길로 들어서게 해 주소서

당신께 피신하오니

당신 안에서 즐겁게 노래하게 해 주소서

당신 품에서

안온하게 쉬게 해 주소서   ✝ 아멘

♣ 예수께서 무리를 보시고, 그들을
불쌍히 여기셨다. 그들은 마치 목자 없는
양과 같이, 고생에 지쳐서 기가
죽어 있었기 때문이다. (마 9:35-38)

# 일시적 완화제가 아니오라

선한 목자이신 주님,

당신은 목자 없는 양 같은 무리를 보시고

애간장을 태우십니다

불쌍한 마음이 들어

어찌할 바를 모르십니다

당신의 연민을 본받게 해 주소서

당신의 연민은

감상적인 것이 아닙니다

우리의 사악함을 아셨지만

우리의 안팎 요구를

다 만족시켜 주셨습니다

또한 당신의 연민은
일시적 완화제가 아닙니다
단장의 고통만 느끼신 게 아니라
그 고통을 제거하거나
이길 능력을 주십니다

세상의 고통을 불쌍히 여기셔서
고통을 나누신 주님,
우리도 당신을 닮아
함께 고통하고, 함께 슬퍼하고,
함께 울 수 있는 마음을 주소서

연민의 눈으로 보시는 주님,
당신의 연민을 본받게 해 주소서

당신의 연민은
거룩한 사랑에 기반을 두었기에
십자가를 지셨습니다
양들을 위해 목숨을 버리셨습니다
세상의 당황을 동정하시며
갈피를 못 잡고 허덕이는 군중들을
불러모으셨습니다
이제 당신은 추수할 일꾼들,
곧 그리스도인의 말과
그리스도인의 마음을 가진 자들을
부르고 계십니다
세상을 하나님의 밭으로 보며
소망을 가지고 일하는 협력자들,
자기를 잊어버리면서
이웃을 위해 일하는 사람들을
부르고 계십니다
"저를 일꾼으로 써 주소서" 라고
말할 수 있는 우리가 되게 해 주소서
기도하며 일하며

당신이 원하시는 수확을 하는

참 일꾼으로 써 주소서

세상의 슬픔을 동정하시며

눈물을 씻어 주신 주님,

세상의 고독을 불쌍히 여기셔서

위로와 힘을 주신 주님,

우리도 당신을 닮아

함께 슬퍼하고,

위로할 수 있는 마음을 주소서   † 아멘

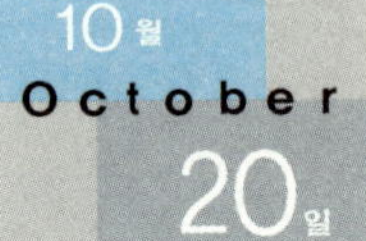



♣ 그런데 어찌하여 주께 순종하지
아니하고, 약탈하는 데만 마음을 쏟으면서,
주께서 보시는 앞에서 악한 일을
하셨습니까? (삼상 15:10-19)

# 아무것도 모르고

주님,

교만해진 사울이

위선과 거짓의 탈을 벗지 못하고

당신께 드리는 제사를 빌미삼아

자신을 합리화하는 불경죄까지

짓고 있는 모습을 보면서

교만 하나가 가지고 오는

수십 가지의 죄의 양태를

통찰하게 됩니다

어떻게 하면 이 크나큰 교만에서

빠져나올 수 있을까요?

승리하도록 인도하시는 분도 당신이시고
승리의 여건을 주선해 주시는 분도
당신이시며
승리할 능력을 심어 주시는 분도
당신이심을 깨달아
승리의 영광을 당신께로만 돌리는
겸손을 갖도록 도와 주소서
행여 당신께서 세워 놓으신 원본계획이
파기될까 봐 전전긍긍하며
당신께서 말씀하신 대로만
행하는 겸손한 순종자가 되는 길로
인도해 주소서


누구든지 자기를 높이는 사람은 낮아지고
자기를 낮추는 사람은 높아진다고 말씀하신 주님,
말씀의 깊은 뜻을 헤아리지 못하여
자신을 낮추지 못한 저희입니다
겸손의 진정한 의미도 모르고
겸손한 삶도 살 줄 모릅니다

사울이 겸손했을 때 높임 받고

교만해지자 자멸의 나락으로 떨어진 모습을 보고

이제서야 당신께서

교만한 자를 흩으신다는 말씀을 이해합니다

주님, 겸손하여

당신의 말씀에 순종하고

낮고 낮아져

자기변명에서 헤어나오게 해 주소서


주님의 뜻대로 따르지 않고

자신의 뜻을 앞세우면

마침내 저희 곁을 떠나고야 마시는 주님,

당신께 부름받을 때는

아무리 겸손하고 고분고분했다 하더라도

당신의 일을 하는 동안

스스로 자신을 높이는 저희입니다

저희를 통하여 영광 받고 싶으신 것을

까맣게 잊어버리고

당신께로 갈 영광을 가로채어

저희가 선하고
저희가 잘하는 줄 착각하며
승리의 영광을 누리는 치기를 부립니다
주님,
애초부터 저희는 아무것도 모르고
아무것도 할 수 없었으며
아무것도 아니었으며
오직 당신께서 홀로 일하시고
홀로 뜻을 이뤄 가신 것을
진정으로 깨닫게 해 주소서 † 아멘

♣ 내가 낮이나 밤이나 울 수 있도록,
   누가 나의 머리를 물로 채워 주고,
나의 두 눈을 눈물샘이 되게
   하여 주면 좋으련만! (렘 8:22-9:1)

# 마르지 않는 눈물항아리

사랑하는 주님,

당신은 오늘도 제게

당신 전부를 주셨는데

전 아무것도 드리지 못하여

잠을 이루지 못하고 있습니다

제가 갖고 있는 모든 물건은

다 당신께서 주신 것입니다

제가 쓰고 있는 능력도

당신이 제게 부어 주신 것입니다

제가 하고 있는 일들 전부

당신이 시키신 것입니다

저는 무엇을 드리오리까?


사랑하는 주님,
당신은 오늘도 제가 구한
모든 것을 전부 얻게 하셨습니다
저는 당신을 위해 한 일이 없어
애간장이 타붙고 있습니다
집 안팎으로 작고 큰 사건들이
이리 꿰지고 저리 터졌지만
꿰매시는 당신께 맡기고
저는 종일 당신만 바라보도록
평온한 마음을 주셨으니
당신 홀로 영광을 받으시옵소서


사랑하는 주님,
한 순간 한 순간이 기적입니다
제가 다시 산 것이 기적입니다
눈을 떠서 보고 귀 열어 들으며
손발 움직여 일하고

가슴으로 느끼고 감격하며

마음으로 감사하고 웃으며

온몸으로 힘을 발산하고

온 존재로 울 수 있는 것이

크고 큰 기적입니다

당신 곁을 떠나지 않고

당신만 바라게 해 주심이

엄청난 기적입니다

당신을 찬송하며 엎드립니다


사랑하는 주님,

저는 저 하나밖에 모르는

철저한 이기주의자이지만

저를 향해 미소지으며

저를 위해 투신하며

저와 더불어 살고 싶어하는

가족을 주신 것을 감사합니다

그리스도의 피를 받아

혈육보다 더 질긴

사랑의 끈을 붙들고
함께 걷게 해 주심을 감사합니다


사랑하는 주님,
언제나 그랬지요
저는 손가락 하나 까딱이지 않고
당신께서 대신 해 주셨습니다
제 몸을 빌리기만 하셨을 뿐,
실제로 당신께서 글 쓰시고
당신께서 음식을 만드시며
당신께서 가르치시고
당신께서 손님 만나시고
당신께서 상담하셨습니다
그리고나서 온갖 칭송은
저 혼자 받도록
당신은 조용히 물러서셨습니다
당신만이 찬양을 받으시옵소서


사랑하는 주님,

저도 무엇 좀 하게 해 주시옵소서
당신을 위하여
당신이 기뻐하시는 일을
한 가지만이라도 할 수 있도록
도와 주시옵소서
당신이 가장 반기시는 회개의 눈물,
그것이라도 밤낮으로 드리고 싶습니다

제 머리가 우물되게 하시고
제 눈이 눈물의 샘 되게 하시며
제 가슴에 푸고 퍼도 마르지 않는
눈물항아리 하나 넣어 주시옵소서
눈시울에 눈물이 방울져

사시사철 눈에서 눈물이 쏟아져

항아리를 채우고 싶습니다

그 항아리를 당신께 바치고 싶습니다

하오나 그 눈물마저도

당신이 주시는 것이오니

제가 드릴 것은 단 한 가지도 없습니다

그래도 주신 것 도로 드리는 일만이라도

하고 싶사오니

저의 간절한 소망을

꼭 이루어 주시옵소서    † 아멘

# 늘 깨어 있기

주님, 다시 오실 주님,

한밤중의 도둑처럼,

하늘의 번개처럼,

오신다고요?

더디 오시려니 하며

설마 오늘 오실 리 있겠냐며

흥청망청 먹고 마시다가

당신을 만나지 못하는 일 없도록

깨어 있게 해 주소서

깨어 있지 못한 사람들은

인생의 키를 어디로 돌려야 할지

모르는 사람들입니다
방향감각을 상실한 사람,
목표를 상실한 사람은
날마다 조는 사람들입니다
자기가 누구인지 모르는 사람들,
정체성을 상실하여
무기력과 무의욕에 빠져 있는 사람이
바로 잠자고 있는 사람입니다
어서 잠에서 깨어나게 해 주소서

다시 오시마는 주님,
지금이 어느 때인지
분별하지 못하는 사람이
바로 저입니다
왜 깨어 있어야 하는지
이유를 알지 못하는 사람이
바로 저입니다
구원불감증 환자입니다
영원한 삶이 기다리고 있다는

희망을 거부하는 것이
졸고 있는 것임을
깨우쳐 주소서
긴장하지도 않고
죽음 이후의 삶도 생각해 본 적 없으며
날마다 정신이 흐리멍텅하여

잠에 취해 있는 사람들이
졸고 있는 사람들입니다
무질서와 어둠의 생활을
청산하는 것이
늘 깨어 있는 삶임을

믿게 해 주소서


다시 오실 주님,
당신께서 오실 날을 기다리며
하나님나라에 대한 열망과 기다림으로
구원의 중요성을 인식하게 해 주소서
성령의 조명을 받지 못하면
매일 거듭남의 생활로 인도되지 못함을
확실히 깨닫게 해 주소서
지금이 어느 때인지 알아차려
심판의 절박성을 인식하게 해 주소서
낮이 가까워지고 있는 때임을
절감하게 해 주시고
우리 중 어느 누구도
심판에서 제외될 수 없다는 사실을
잊지 말게 해 주소서


다시 오시는 주님,
저희의 인생은 연습기간이 없습니다

그래서 지금 졸 수가 없습니다

무엇인가를 하면서

전진해야 합니다

인생의 유일회성을 인식하며

비상사태에 대비하게 해 주소서

저 대신 준비해 줄 사람이 없다는 것을

바로알게 해 주소서

잠시 깨어 있는 것이 아니라

계속 깨어 있음으로써

당신이 다시 오실 때

책망 듣지 않도록

하나님나라의 임박성을 깨달으며

최선을 다하게 도와 주소서　✝ 아멘

♣ 예수께서 돌아서서, 그들이 따라오는 것을 보시고 물으셨다. "너희는 무엇을 찾고 있느냐?" 그들은 "랍비님, 어디에 묵고 계십니까?" 하고 말하였다. (요 1:35-39)

# 묵고 계시는 데가 어디시죠?

주님,

당신은 세례요한의 제자들이

당신을 따라오는 것을

알고 계셨습니다

당신은 그들에게

바라는 것이 무엇이냐고 물으십니다

진정한 추종자가 될 수 있나

은근히 떠보신 거죠

그러나 요한의 제자들은

당신께서 묵고 계시는 곳을

알고 싶다고 했습니다

정말 놀랄 만한 반응입니다
당신을 추종하려면
당신이 누구신지 알아야
추종의 길이 열림을 믿습니다
당신과 아버지와의 관계를
확인한 후에는
머뭇거릴 필요가 없지요
동고동락하며 죽음까지도 무릅쓸 수 있지요

주님,
당신을 따르기 위해서는
소원이 확실해야 합니다
당신의 현존 안에
머물고 싶어해야 합니다

당신과 함께 머물 때,
당신의 체취와 체온을 느끼며
함께 먹고 마시고 자는 삶으로
들어갈 수 있습니다
당신의 현존을 체험하는 삶,
그것 이외에는
당신을 가까이 따를 다른 방도가 없습니다
당신의 현존을
체험하게 해 주소서

주님,
당신이 어디에 묵고 계신지
가르쳐 주실 수는 없으신가요?
고통 받고 가난한 자들,
목마르고 눌린 자들,
아프고 갇힌 자들……
작은 자들이 있는 곳에
당신은 계신가요?
예, 그렇습니다

가장 보잘것없는 자들 옆에서
깊고 큰 상처들을
치료하고 계십니다
구원을 위하여 날마다 회개하며
존재의 변형을 열망하는
사람들 옆에 계십니다
새창조의 역사의 현장에
당신은 계십니다
성화되기 위하여 몸부림치는 자들 옆에
당신은 계십니다
당신이 묵고 계신 곳으로
저희를 인도해 주소서

주님,
오직 하나님의 영광과 뜻대로
살고파하는 자들 안에
당신도 함께 계시죠?
삼위 하나님의 성호를 찬양하는 자들 안에
당신이 계심을 믿습니다

이웃의 필요를 알아차리고
사랑을 실천하는 곳에
당신은 계십니다
십자가의 길을 걸어가며
사랑으로 봉사하는 형제들 옆에
당신은 묵고 계십니다
그리로 달려가서
당신을 만나게 해 주소서

주님,
당신의 현존을 느낄 만한 곳은
이 세상에 너무도 많습니다
아침 햇살이 아름답다고 느끼며
부지런히 일하는 소시민 옆에,
지칠 정도로 하루 종일 일을 하고
허기져서 사랑하는 가족에게로 돌아오는
근면한 노동자 곁에,
환경조건은 개선될 가망이 없지만
언제나 마음 속에

하늘나라를 품고 살아가는

믿음 좋은 자매들 옆에,

아무리 둘러봐도

아름다움이라고는 발견할 수 없는

열악한 조건 속에서도

희망을 잃지 않을 뿐만 아니라

오히려 고통받는 이들에게

빛이 되고 있는 숨은 봉사자들 안에,

당신은 오늘도 현존하십니다

이제 어디 가야

당신을 만날 수 있느냐고 묻는

어리석은 자 되지 말게 해 주시고

당신과 살을 맞댈 수 있는

구체적인 현존체험을 하도록

도와 주소서   † 아멘

♣ 예수께서 집 안에 계실 때에,
   제자들에게 물으셨다. "너희가
길에서 무슨 일로 다투었느냐?"
   제자들은 잠잠하였다. (막 9:33-35)

# 길의 신비로운 확실함이여!

길을 가시는 주님,

당신은 길이시며

십자가의 길로 가셨습니다

제자들도 모두 그 길을 가고 있었습니다

그러나 그들은 그 길이 어떤 길인지 몰라서

당신께서 다 듣고 계신데도

뒤에서 다투고 있었습니다

당신과 함께 가면서도 다투다니,

이 무슨 배신 행위입니까!

같은 길을 걸어가면서

당신께서 듣고 계신 것을 모르고 있었던

그 제자들이
바로 저희입니다
저희도 자주
당신이 들으시는 줄 모르고
인생길을 가면서 다투기 일쑤입니다
용서해 주옵소서

길을 가시는 주님,
저희는 갈등의 미결 때문에
다른 사람과 다투고 제 자신과도 다툽니다
제자들이 지녀야 할 규범과 기준이
흔들려서 다퉜듯이
저희도 여기와 거기를 넘나들며
가치기준이 흔들려

갈등이 심화될 때마다
서로 다투며 살아갑니다
길은 가지만 목표가 뚜렷치 않아
혼돈을 겪으며 다툽니다
당신의 수난예고를 이해하지 못하여
왜 가는지 모르기에
제자들이 다퉜던 것처럼
영광을 목표로 하는
고난의 길에 대한 몰이해 때문에
저희도 다투고 또 다툽니다
용서해 주옵소서

길이신 주님,
저희는 교만과 욕심 때문에 다툽니다
다스리려는 야심과
섬김 받으려는 욕망 때문입니다
현세적 이익 때문에 다툽니다
눈을 세상의 덧없음에 두었기 때문에,
미래에 대한 예측이 불확실해서 다툽니다

당신을 구세주라고 고백하면서도
당신을 따르는 것에서
진정한 기쁨을 얻지 못했기에
제자들은 다퉜습니다
저희들도 마찬가지입니다
하나님나라, 삼위 하나님,
영생과 부활, 재림에 관해서
확실히 잘 알지 못할 때,
마음 속에서 다툼이 일어납니다
땅의 사람, 어둠의 사람이 됩니다
오 주님,
다투는 저희를 용서해 주소서

주님,
길은 계속 가야만 하고
반드시 끝나는 때가 옴을 믿습니다
길이 끝나는 곳에
확실한 해결이 있음을 믿습니다
과정을 보고

결과를 속단하지 말게 해 주시고
참을성을 지니고
부활을 기다리게 해 주옵소서
빠른 영광을 차지하려고 몸부림치며
오래 지속되는 고통 앞에서
좌절하지 않게 해 주소서

길은 사람에 따라
길게 혹은 짧게 펼쳐져 있습니다
아무도 그 길은 한번도 가보지 않았기에
길 위에서 저희를 넘어뜨리는 것과
만나게 될 복된 것들을
확실하게 말할 수 없습니다

다만 당신께서 걸어가신 길을

뒤따라갈 뿐입니다

당신은 다 듣고 계시니

겉으로도 속으로도

다투지 않게 해 주소서

다만 기쁘고 즐거운 마음으로

길을 가게 해 주소서

오, 길의 아득함이여,

그러나 그 길의

신비로운 확실함이여!  † 아멘

♣ 열 사람이 깨끗해지지 않았느냐?
그런데 아홉은 어디에 있느냐? (눅 17:11-19)

# 은혜를 잊어버리는 죽음이냐?

오늘도 선택과 결단을 요구하시는 주님,

은혜를 감사하는 삶이냐,

은혜를 잊어버리는 죽음이냐,

순간마다 선택하라시는

당신의 뜻을 헤아려 봅니다

눈을 뜨나 감으나

보이는 모든 것이 감사거리입니다

앉으나 일어서나

안 보이는 모든 것도

온통 감사의 제목입니다

그러나 저희는 쉽사리 은혜를 잊음으로써

섣달의 매서운 바람보다
더 냉혹한 사람이 되어 버립니다
오 주님,
은혜를 아는 사람이 되게 해 주소서
은혜를 갚는 사람이 되게 해 주옵소서

오늘도 감사와 찬양을 요청하시는 주님,
감사하는 한 명이 되려느냐
은혜를 저버리는
아홉 명이 되려느냐,
날마다 물어오시는
당신의 심중을 헤아려 봅니다
기도할 때나 일할 때나

보이는 모든 것이 찬양거리입니다
생각할 때나 말할 때나
안 보이는 모든 것도
전부 찬양의 대상입니다
그러나 저희는 병이 낫고도
전혀 감사할 줄 몰라
치유가 축복이 되는 것을
체험하지 못하는 사람이 되곤 합니다
오 주님,
찬양할 줄 아는 사람이
되게 해 주소서
찬양이 넘치는 사람이
되게 해 주옵소서   † 아멘

♣ 누구든지 그리스도 안에 있으면,
그는 새로운 피조물입니다. (고후 5:17)

# 존재의 즐거움

성부 하나님,

당신이 지으신 피조물은

당신의 아름다우신 창조능력을 찬양하며

사랑의 노래를 부릅니다

성자 하나님,

당신이 구속하신 피조물은

당신의 놀라우신 사랑을 감탄하며

기쁨의 노래를 부릅니다

성령 하나님,

당신이 변화시키시는 피조물은

당신의 신비한 생명력을 감사하며

희망의 노래를 부릅니다


거룩하신 삼위 하나님,
존재하는 모든 것은
변화 때문에 존재함을
가르쳐 주시니
감사드립니다

낡은 가치관이 바뀌고
옛 생활이 쇄신되며
어둔 마음이 밝아지고
굳은 감각이 부드러워져
묵은 존재가 새롭게 되어
어제의 존재가 사라지는 것,

이것이 존재의 즐거움이며
행복임을 일깨워 주심을 감사합니다

오! 삼위 하나님,
당신의 형상대로
기어이 다시 창조해 주옵소서
비존재의 각질을 벗고
거짓 자아의 옷을 벗으며
당신을 닮은 모습으로
변화되고 싶습니다
당신의 영을 불어넣어
새 사람으로 창조해 주옵소서   † 아멘

♣ 주님의 말씀을 지키려고, 나쁜 길에서
내 발길을 돌렸습니다. (시 119:101)

# 삶은 삶으로

하나님,
가을이 이슥해집니다
여름 내내 익은 벼들은
알곡을 쏟아 내고 단으로 묶여
논빼미 위에 누워 있습니다
곧 터질 듯한 홍시들은
감나무 위에서
가로등처럼 빛을 비춥니다
늙은 참나무들은
촘촘이 박힌 상수리들을
재채기할 때마다 떨어뜨려 줍니다

아람이 벌어져

밤나무 밑에 나체로 뒹굴고 있습니다

하늘은 키가 갑자기 커져

머쓱해진 사춘기 때 소년같습니다

장롱을 짤 만큼 오동나무들도

이미 다 커버렸습니다

한 해 내내 나는 무엇을 했나

자문하고 있습니다


하나님,

당신 앞을 벗어나지 않으려고,

당신 말씀 지키며 살려고,

몹시 바둥거린 한 해였습니다

그러나 여전히 저는 제자리입니다

그래도 좀 나아진 데가

있지 않느냐고

은근히 칭찬해 주길 바라는

사람들의 삶은

과연 긍정의 길에

놓여 있는 것일까요?
삶은 함으로 평가되는 것만이 아니요,
삶은 삶으로 증거되어야 합니다
그렇습니다
잘 살아야 잘 산 것입니다

하나님,
잘 산다는 것은 무엇인가요?
당신의 말씀대로 사는 것,
복음적 인간이 되는 것이라고
당신은 종종 말씀하시죠
말씀 그대로 산다는 것이
어찌 쉽겠습니까?
그렇게 살아야 하는 것은 압니다
그러나 복음의 기준이 하도 높아
삶이 거기에 미치질 못합니다
자칫하면 그 말씀이 오히려 걸림돌 되어
그 말씀에 걸려 넘어집니다
말씀을 받아들인 대로

말씀이 시키는 대로
말씀을 해석한 대로
살고 싶습니다
올바로 살아 내고 싶습니다

하나님,
말씀대로 살기 위하여
나쁜 길에서 발걸음을 돌립니다
하오나 나쁜 길은
한 번만 나타나는 것이 아니어서
늘 안타깝습니다
나쁜 길 안에도 샛길 천지입니다
나쁜 길 옆에도
더 나쁜 길이 있습니다

자신이 좋은 길로 가고 있다고
교만해지는 그 순간에
그 좋은 길은 나쁜 길로 변합니다
그러나 저희도 할 수 있으니까
하라시는 것인 줄 믿습니다
지속할 자신이 없어서 돌이킨 발걸음을
나쁜 길에 들여 놓지 않도록
채찍질해 주옵소서

하나님,
"아, 이 사람은 정말 말씀대로 사는구나!"
이런 말을 듣고 싶은 게 아닙니다
세상 사람들의 인정은 받고 싶지 않습니다
당신께서, 오직 당신께서,
"네가 내 법을 지키려고
몸부림치는 것이 눈물겹구나."
하실 때를 기다립니다
말씀대로 사는 시늉만이라도
하게 도와 주시고

하루에 단 한 가지라도
당신의 말씀대로 살아낼 수 있는
은총을 내려 주옵소서
자나깨나 당신 말씀을
붙들고 있으렵니다　✝아멘

♣ 거룩한 입맞춤으로 서로
  인사하십시오. 모든 성도가 여러분에게
  문안합니다. (고후 13:11-12)

# 그대 안에 님 계시오니

주님,

성경을 읽다 보면

사도 바울처럼 인사 잘 하는 인물을

찾아보기 어렵습니다

당신의 인사는 언제나

'샬롬' 이었지만

바울은 한 술 더 떠서

'은총과 사랑' 을 빌어 주곤 했지요

그가 마지막으로 어떤 인사를 했으며

그리스도인이 된 저희들은

그를 본받아 어떤 인사를 하는 것이

가장 바람직할까요?

주님,
바울의 문안인사 내용은
권면으로 가득차 있습니다
낙망하지 말고 완전하게 되기를
권고합니다
그릇된 행실을 바로잡음으로써
올바른 길로 들어서라고
말하고 있습니다
바로 저에게 해당하는
내용이로군요
권고를 경청해 달라고
호소합니다
권고는 고난 가운데서도
하나님의 위로를 받아
용기를 가지라는 뜻이겠지요
하나님의 말씀을 선포하는
종들의 권면을 귀담아 듣기를

제 자신에게 부탁하는 것 같습니다
한마음 한뜻이 되라고
아버지다운 인사를 하는 데서
콧잔등이 시큰해집니다
일치되지 않은 교회는
마귀들이 들끓게 마련이니까요
그러나 저희는
저희가 믿는 것만 올바르다고 우겨대어
한마음 한뜻이 되기가
어려운 사람들이죠
바울의 권고를
충심으로 받아들이게 해 주소서

주님,
서로 불목하지 말고
화평하게 지내라는 부탁이
인사의 내용입니다
사랑의 생활을 요구하고 있군요
사랑으로 서로 인사하라고

간절히 말하고 있습니다
피차의 잘못을 잊어버리고
서로 아끼고 사랑함은
천만 마디의 인사보다
힘 있는 것이지요
하나님과 함께하는 생활이야말로
지상 최고의 축복임을
끝으로 말해 주고 있습니다

형제애를 느끼며
서로 사랑과 평화를 유지할 때
사랑과 평화의 하나님께서
우리와 함께 계실 것임을
확신하게 해 주소서

주님,

아침부터 잠들 때까지

많은 인사를 주고받습니다

인사에 인색하지 말게 하시고

사랑의 인사로

종일토록 고리를 만들도록

도와 주소서

형제 안에 계신 하나님을 뵈옵고

그 안에 계신 님을 느껴

사랑하는 마음이 우러나게 해 주소서

형제가 섬기고 모시고 있는 그 님께

존귀와 영광을 드리게 해 주소서

사랑을 시도하는 몸짓 속에서

친교의 인사를 나눌 수 있는

충만한 영성을 저희에게 주소서   † 아멘

♣ 너희는 울며 애통하겠으나,
세상은 기뻐할 것이다. 그러나 너희가
근심에 싸여도, 그 근심이 기쁨으로
변할 것이다. (요 16:16-24)

# 새 관계의 기쁨

주님,

슬픔이 변하여 기쁨이 되는 일을

종종 경험합니다

슬픔을 아는 자가

큰 기쁨을 알게 마련입니다

슬픔을 안 거치고도

기쁨을 누릴 수 있으면 좋겠지만

기쁨 그 자체로

기쁨의 내용을 다 알기란

정말 어렵습니다

그래서 이별의 슬픔을 기쳐

재회의 기쁨을 느낄 수 있으리라시는
당신의 말씀이 가슴에 와 닿습니다
끝까지 참고 견딘 자들이
누릴 수 있는 기쁨의 복을 주옵소서

주님,
슬픔을 겪은 다음
슬픔이 변하여 복이 되는 기쁨은
시작의 기쁨입니다
새로운 탄생의 기쁨입니다
기다림 후의 기쁨이며
새 생명을 누리는 기쁨입니다
그러므로 저희는
진통이 계속되는 기간을
'순간의 고난' 이라고 부릅니다
진통이 끝나고 나면
생명이라는 영원한 기쁨이 오기 때문입니다
그 기쁨을
저희에게도 주옵소서

주님,

부활하신 당신을 경험한 제자들에게는

기쁨이 충만했습니다

그 기쁨을 감히 빼앗을 자 없었습니다

진정한 기쁨이요, 온전한 기쁨이었기 때문입니다

재회의 기쁨은 이별을 거친 기쁨이며

사랑의 만남의 기쁨입니다

당신과 다시 함께하는 완벽한 기쁨입니다

당신께서 주시는 기쁨은

하나님께로부터 오는 것이기에

어떤 악조건도 그 기쁨을 흐려 놓을 수 없습니다

오, 그 기쁨을 저희에게도 주옵소서

더 물을 것이 없는 기쁨을 누리라시는 주님,
이보다 더 기쁜 소식이 어디 있겠습니까
모든 것이 계시된 후에는
더 이상 알 것이 없는 기쁨이 온다고 하시니
충만한 지식의 기쁨으로
진리를 꿰뚫어 알 수 있는
그 날을 저희에게도 주옵소서
정답이신 당신과 함께 살아가는
천국생활에서
해결의 기쁨을 누릴 수 있게 하시고
의문이 다 사라질 그 시간 속에서
당신과 함께 영원히 기뻐하게 해 주옵소서

주님,
당신께 구하여 받는
기쁨을 가지라 하시니 감사합니다
이 기쁨은 제자들만의 기쁨이 아니라
아버지와 당신의 기쁨도 되신다고요
당신의 이름으로 구하는 행위 자체가

아버지께 기쁨이 되시고 말고요
새로운 관계를 맺은
저희의 천상적 기쁨입니다
새 관계의 성립에서 오는
크나큰 기쁨입니다
아직은 이 땅에 있지만
이 세상에 속해 있지 않은
'종말론적 실존' 임을 깨달아
그리스도인의 고독을 극복하며
당신이 다시 오시는 날,
당신과 함께 누릴 기쁨을
열매로 맺게 해 주옵소서   † 아멘

♣ 주님께서 나를 모든 악한 일에서
건져 내시고, 또 구원하셔서
그분의 하늘나라에 들어가게
해 주실 것입니다. (딤후 4:9-18)

# 난 고독하지만 외롭지 않아

사랑하는 주님,

사도 바울의 고독을 통해서

은혜를 받으려고 합니다

임박한 죽음 앞에서

고별사라도 남기려는 듯

믿음의 아들 디모데를

속히 오라고 부르는 장면은

쓸쓸한 가을을 연상케 합니다

자신을 버리고 간 자들과

남아 있는 자의 명단을

발표하는 바울은

얼마나 외로웠을까요?

믿고 기대했던 사람들이

어느 날 갑자기

간다온다 말도 없이 떠나 버린 후

얼마나 큰 아픔을 느꼈을까요?

그러나 그 아픔을 통해서

성숙한 영성을 바라보며

큰 감동을 갖습니다

주님,

모두 떠나고 가버리고 사라진 후에

바울은 오히려

현존체험을 하게 됩니다

당신께서 내 곁에 계시다는
체험을 하고 나면
담력과 용기가 생깁니다
유일한 도움이신 당신을 인식하며
진을 빼듯 매달려 기도합니다
오직 당신께만 의지합니다
힘의 원천이신 분께
사로잡힙니다
구원에 대한 확신을 가지고
하늘나라를 바라보며
기쁘게 고독을 극복합니다
생의 위기에서도
언제나 당신께 영광을 돌려 드린
바울을 닮고 싶습니다

주님,
저희는 혼자이면서 혼자가 아닙니다
고독한 죄수인 바울은
감방에 혼자 갇혀 있었지만

결코 혼자가 아니었습니다
존재론적 영역 안에서는 고독했지만
현상적 영역에서는
외롭지 않았습니다
삼위 하나님께서 함께하시는
위안과 능력을 증거하고 있습니다
고독으로 자신을 비웠기에
그는 고난을 딛고 일어섰습니다
외롭다는 말을 하지 않게 해 주시고
고독한 단독자로
하나님 면전에 서게 해 주소서

주님,
저라는 존재는 언제고
변절할 가능성이 있다는 사실을
인정하게 해 주소서
처음 시작부터 반대하는 자도 있고
과정상 거부하는 자도 있으며
마침내는

배반하는 자도 있을 수 있습니다

그러나 단절된 관계는

회복될 수도 있습니다

이 신비를 믿게 해 주소서

마가는 바울과 헤어졌던 사람입니다

그러나 그는 그를 다시 부르고 있습니다

깨어진 관계도 회복될 수 있다는

가능성을 보여 줍니다

그런가 하면,

인간은 일관성을 지킬 수도 있습니다

모두 변절했지만

누가는 일관성을 지켰습니다

오늘도 비겁자를 용감하게,

나약자를 강하게 만드시는 성령께서

처음부터 끝까지

신의를 지키는 일도 해 주십니다

오 주님,

저희는 일관성을 지키는 자들이

되게 해 주소서

주님,
철저하게 고립되어 고독해진 바울에겐
당신이 계셨기에
당신께 맡기며 희망에 부풀어 있었습니다
그러나 모두가 다 버려도
당신만 계시면 된다는 말은
입버릇에 불과합니다

실제로 나를 눈여겨보시는 주님,
포기하지 않고 버리지 않으시는 주님,
수없이 배신하고 떠나고 거절하며,
불신앙 속에 방황해도
정신차려 돌아올 때마다 반기시는 주님,
끝까지 기다려 주시는 주님,

이런 주님으로

당신 사랑의 체험을 할 수만 있다면

가까운 가족마저 버린다 해도

외로움에 지쳐 쓰러지지 않을 것입니다

외로움으로부터의 탈출,

고독 안으로 들어감,

이것이 바로 당신 현존 안으로 들어가는

좋은 길이 된다는 것을

바울에게서 배우게 해 주소서　✝ 아멘

♣ 그런 다음에, 내가 모든 사람에게
나의 영을 부어 주겠다. (욜 2:28-29)

## 그런 다음에야

하나님,

당신은 당신의 백성을 괴롭히고 모욕하며

수치스럽게 하는 사람들을

심판하시겠다고 말씀하십니다

그러나 그리스도의 재림의 그 날,

모든 이에게 당신의 영을

부어 주리라고 약속하십니다

당신이 선택하신 백성들은

끝까지 구원하시고 보호해 주심으로써

소망과 기쁨을 안겨 주신다고

예언자 요엘을 통하여

외치게 하고 계십니다


당신의 이름을 부르는 사람마다
구원을 받으리라시는 하나님,
과연 저희는 도우심을 간절히 부르며
당신의 이름을 부르고 있는 것인가요?
우리가 어디에 계신 하나님께
외쳐 부르는가가 중요하다는 말씀이로군요
언제나 우리 가운데,
우리 가까이에 계신 당신을
부르라시는 의미시지요?
당신의 얼굴을 맞대고 있는 듯,
당신께서 제 곁에 와 계신 것을 느끼며
당신의 이름을 부르게 해 주소서
당신과 동행한다는 의식 안에서
찬양하며 당신 이름을 부르게 해 주소서
마음에서 진정으로 우러나는
찬양을 들으시고
그런 다음에 당신은

저희에게 약속하신 것을 주실 줄 믿습니다

하나님,
충만한 감사의식을 지니고
기뻐 뛰며 당신께 감사할 때에
구원을 내려 주심을 믿습니다
당신은 무턱대고 당신 이름을 부르는 사람을
좋아하시지 않으십니다
당신을 올바로 인식하고 있는 사람,
진정으로 회개하는 사람,
'깊은 죄인의식'을 지니고
기도하는 사람에게
주실 당신의 영을
저희에게도 부어 주십시오
그런 다음에 하나님,
당신의 말씀을 맡겨 주셔서
당신의 계획을 알게 해 주시고
당신과의 대화를 통해서
꿈을 꾸고

하나님나라를 희망하게 해 주소서

새로운 청춘을 맛보며

기쁘게 걸어가게 해 주소서

당신 사랑이나 자비를 관상할 수 있는

은총의 선물을 충만히 내려 주소서

하나님, 무엇보다

마지막 날이 다가오고 있다는 것을

당신의 표징들을 통해서

해석하게 해 주소서

예민한 감수성을 허락하심으로써

최후의 날이 박두하고 있음을

절실하게 깨달아

그 날을 대비하여 기도하게 하소서

세심한 사랑을 보이시는 하나님,

당신 심판의 날을 준비시키심으로써

아무도 실족하지 않게 하시오니 감사합니다

당신의 영을 받지 못하면

그 날을 준비하지 못한다 하심을

똑바로 알아듣게 해 주시고

그 영을 받기 위해서

당신의 이름을 올바로 부르게 해 주소서

그런 다음에야 주시겠다는 성령을

넘치게 가득 받도록 해 주소서   †아멘